AF452682

# PIRON À BEAUNE,

## ANERIE ANECDOTIQUE,

EN UN ACTE ET EN PROSE;

MÊLÉE DE VAUDEVILLES,

Par Armand GOUFFÉ et George DUVAL.

Représentée sur le théâtre des Troubadours, en germinal, et remise au théâtre Montansier - Variétés, le 9 fructidor an VIII.

————

Chez ANDRÉ, Imprimeur - Libraire, rue de la Harpe, N°. 477.

————

AN NEUVIÈME.

## PERSONNAGES.  ACTEURS.

PIRON, âgé de 36 ans, gai, railleur; enfin Piron, *DUBOIS.*

NICOLAS GAULARD, maire de Beaune, sot, ignorant, et gonflé de sa dignité. — Caricature marquée. *TIERCELIN.*

HENRIETTE, fille de Gaulard, vive, espiègle, amante de St.-Brice, *GODARD.*

St.-BRICE, ami de Piron, amant d'Henriette, jeune, aimant à rire, *XAVIER.*

TROUFAGUET, petit-maître Beaunois, présomptueux, amoureux d'Henriette, *BRUNET.*

ASINET, domestique de Gaulard, Beaunois renforcé, *VAUXDORÉ.*

BÉAUNOIS.

QUATRE SERGENS de maire, habillés de verd, armés de hallebardes.

DIJONNOIS.

*La Scène est à Beaune.*

---

### COUPLET D'ANNONCE.

*Air du Vaudeville de la Clef forée.*

Piron maltraita les Beaunois,
Dont il fut maltraité lui-même.
Au milieu d'eux il s'est, vingt fois,
Joué de leur fureur extrême.
De leur ville, par pelotons,
Ils lui fermoient en vain l'entrée,
Il avoit, de leurs mousquetons,
Moins peur que d'une *Clef forée.*

# PIRON A BEAUNE,

## ANERIE.

## SCENE PREMIERE.

*Le théâtre représente la cour de Nicolas Gaulard; au fond, une grille qui donne sur la rue; au milieu, une perche au haut de laquelle est attaché le blanc sur lequel on doit tirer le prix. Il est entouré de faveurs.*

TROUFAGUET, ASINET, HENRIETTE, BEAUNOIS.

TROUFAGUET et BEAUNOIS, *arrivant en chantant.*

*Air de la contredanse des petits pâtés.*

Le prix qu'on va se disputer,
Amis, sachons le remporter.
Qu'on puisse, du moins une fois,
Vanter l'adresse des Beaunois.

(*Asinet et Henriette sortent de la maison.*)

TROUFAGUET.

Ils auront leur bec jaune,
Messieurs les beaux esprits,
Quand ils sauront que Beaune
A remporté le prix.

ASINET, *montrant la pancarte.*

D'avoir le prix, je pense
Qu'il est un bon moyen;
Emportons-le d'avance,
Nous ne craindrons plus rien.

TOUS.

Non, non, il faut le disputer,
Le conquérir, le remporter;
Qu'on puisse du moins une fois,
Vanter l'adresse des Beaunois.

TROUFAGUET.

Mais où donc est maître Nicolas Gaulard ?

HENRIETTE.

Mon père ?

TROUFAGUET.

Oui, mademoiselle, votre père : a-t-il oublié qu'il est
notre maire ?

ASINET.

Ah ! non. Le v'là.

---

# SCENE II.

LES PRÉCÉDENS, GAULARD, *en robe-de-chambre et bonnet
de nuit.*

GAULARD, *furieux.*
*Air de la Bourbonnaise.*

Non, dans toute la ville,
On ne pourroit, sur mille,              ( *bis.* )
Trouver un imbécille

( *Montrant Asinet.* )
Pareil à celui-là.
La, la, la, la.

ASINET.
*Même Air.*

Pourquoi cette colère,
Et le front si sévère?
A quel propos donc faire
Tout ce vacarme-là?
La, la, la, la.

TOUS.

A quel propos, etc.

GAULARD.

Tenez, je vous le demande à vous, Troufaguet, qui êtes un
garçon d'esprit, si j'ai tort d'être en colère. Pour faire tous

mes préparatifs, je recommande à ce butor d'Asinet de m'é-
veiller, hier soir, à quatre heures du matin ; il est je ne
sais quelle heure ; je m'éveille en sursaut, monsieur, je me
lève, je passe ma robe-de-chambre, je descends, et je trouve
ici mon imbécille, qui s'amuse à chanter, comme s'il avoit
fait la plus belle chose du monde.

TROUFAGUET.

Qu'as-tu à répondre ?

ASINET.

Il est bien vrai que monsieur m'avoit dit de l'éveiller ; aussi
j'étois des quatre heures du matin dans sa chambre.

GAULARD

Eh bien, maraud, pourquoi ne m'as-tu pas éveillé ?

ASINET.

Monsieur, je n'ai pas osé.

GAULARD.

Diras-tu pourquoi ?

ASINET.

C'est que monsieur dormoit.

GAULARD, *en colère.*

Eh bien, drôle, il falloit...

ASINET.

Là, là ; ne vous impatientez pas tant ; une autre fois, je vous
éveillerai, quand même vous ne dormiez pas.

GAULARD.

Je suis sûr qu'il est d'un tard à faire trembler... (*A Asinet.*)
Va voir un peu l'heure qu'il est au cadran solaire qui est là
tout près.        (*Asinet sort.*)

TROUFAGUET.

Allons, papa Gaulard, pour embellir notre fête, une petite
cérémonie de plus... Vous m'entendez ?

GAULARD.

Eh bien, Henriette ?

ASINET, *apportant le cadran.*

Ma foi, monsieur, je ne connois rien à votre cadran solaire ;
regardez-y vous même.

G A U L A R D.

Animal! mon architecte a défendu de toucher à ce cadran.

A S I N E T.

Je n'en savois rien.

T R O U F A G U E T.

Va donc le reporter, butor; et prends garde de déranger les ressorts. (*à Gaulard.*) Ah ça, revenons à nos moutons.

G A U L A R D.

Eh bien, ma fille?

H E N R I E T T E.

Moi, je ne veux pas d'un mari qui fasse, à chaque instant, des sottises, comme...

T R O U F A G U E T.

Comme moi, pas vrai?... Je suis de bonne foi:

AIR : *Fournissez un canal au ruisseau.*

> Près de vous je me suis fait tort
> Par ma trop grande étourderie ;
> J'ai fait, j'en demeure d'accord,
> Bien des sottises dans ma vie.
> A former un nœud desiré,
> Que votre bouche m'autorise,
> Et c'est la dernière sottise
> Que, de mes jours, je ferai.

H E N R I E T T E.

C'est la seule que je veux vous épargner.

T R O U F A G U É T.

Je vois ce que c'est.... il y a du Dijon là-dedans.

G O U L A R D.

Comment?

T R O U F A G U E T.

Oui, oui : je m'entends.

H E N R I E T T E.

C'est bien heureux!

T R O U F A G U E T.

Mais je dis, vous ne le reverrez pas de sitôt, votre Dijo-nois. On se souvient à Beaune du ton qu'il a voulu prendre vis-à-vis des chevaliers de l'arquebuse. Quoique ça, je ne lui en veux pas autant qu'à ce maudit Piron qu'il avoit amené

avec lui, et qui s'est tant amusé aux dépens de mes oreilles.
Si je l'attrape un jour, qu'il prenne garde aux siennes.

HENRIETTE.

Elles n'auront peut-être pas tant de prise que les vôtres.

GAULARD.

Nous y reviendrons après la fête.

TROUFAGUET.

A la bonne heure. Elle sera belle, notre fête. Il y a pourtant
une chose qui m'inquiète.

AIR : *Il faut quitter ce que j'adore.*

Ce matin, de plus d'un nuage,
Le ciel m'a paru barbouillé,
Et, s'il tombe de l'eau, je gage
Que dehors on sera mouillé.
J'ai vu, ce qui me contrarie,
J'ai vu, grand Dieu! quel contre-tems!
Le coq se tourner à la pluie.

GAULARD, *avec un geste impératif.*
Allez le tourner au beau tems.

TROUFAGUET.

Bien imaginé! qu'on vienne à présent se moquer des Beaunois.

ASINET.

J'ai cru qu'il feroit beau, car il a fait un soleil superbe
toute la nuit.

GAULARD, *sans écouter Asinet.*
Votre Piron se seroit-il avisé de cela?

ASINET.

Dites donc, M. Troufaguet.

*Même air.*

En tournant le coq, prenez garde
Qu'il ne tombe; car, en effet,
Où voulez-vous que l'on regarde,
Pour connoître le tems qu'il fait?

Tournez-le : la recette est sûre
Pour avoir un tems de son goût ;
Mais, s'il tomboit quele aventure?
On n'auroit plus de tems du tout.

GAULARD, *aux Beaunois.*

Allons, mes amis, allez planter le piquet sur la grande place, en attendant les villes voisines, pour, de là, vous rendre sur l'esplanade.

(*Un Beaunois arrache le piquet, ils défilent en chantant*).

# CHŒUR.

AIR *des petits pâtés.*

Ce prix qu'on va se disputer,
Amis, sachons le remporter ;
Qu'on puisse du moins une fois,
Vanter l'adresse des Beaunois.

## SCENE III.

### GAULARD, ASINET, HENRIETTE.

GAULARD.

Allons, rentre, imbécille, et fais – moi cuire cette belle poularde qu'on m'a envoyée.

ASINET.

Votre poularde.

GAULARD.

Et suis bien exactement la recette qu'on m'a donnée pour en faire un ragoût délicieux.

ASINET.

Il y a un petit inconvénient.

GAULARD.

Lequel ?

ASINET.

Azor vient de l'emporter.

GAULARD.

G A U L A R D.

La recette ?

A S I N E T.

Non, non, dieu merci!... C'n'est que la poularde.

A I R : *Dites, dites-moi, n'ai-je pas bien fait ?*

> Que ma finesse vous rassure ;
> La poularde est hors de danger :
> Azor ne saura, je vous jure,
> A quelle sauce la manger.
> J'ai caché, voyez ma prudence,
> La recette dans le buffet...

Et je dis que le monsieur seroit bien embarrassé de la trouver là, voyez-vous.

> Ah! mon cher maître en conscience,
> Dites, dites-moi, n'ai-je pas bien fait ?          (*ter.*)

G A U L A R D.

Et tous les échevins qui se flattoient de diner avec la bête!.. que leur donnerai-je ?

A S I N E T.

*Air de la pipe de tabac.*

> Pour réparer cette aventure,
> Et bien les régaler ce soir,
> Monsieur, vous avez une hure
> Qui fait vraiment plaisir à voir.

G A U L A R D.

> A la place de cette bête,
> Comme il faut mettre un plat nouveau,
> Sais-tu ce que j'ai dans la tête ?

Hein ?

A S I N E T.

Ma foi non.

G A U L A R D.

Eh bien, mon ami ?

> C'est une cervelle de veau.

ASINET.

Ah! je le sais.

GAULARD.

Mais, en attendant, rentrons, et tu vas poser sur la fenêtre
de la rue mon pot de tulipes... Cela me fera honneur... Sur-
tout prends garde de le casser.

(Ils rentrent.)

---

# SCENE IV.

HENRIETTE, ST.-BRICE, arrivant par la grille du fond
au moment où Gaulard rentre.

HENRIETTE.

C'est vous ? ô ciel! je tremble.

ST.-BRICE.

Deux mots, et je vais rejoindre nos Dijonnois qui me
suivent.

HENRIETTE.

Voyons.

ST.-BRICE.

Henriette m'aime-t-elle toujours?

HENRIETTE.

Toujours ; mais à quoi nous menera ?...

ST.-BRICE.

Au bonheur si vous y consentez.

HENRIETTE.

AIR : Troupeau joyeux du vaudeville.

Contre nous, un rival , un père,
Escortés de mille Beaunois,
Pour nous rendre le sort contraire,
Semblent se liguer à-la-fois.

ST.-BRICE.

Sur les Beaunois j'ai l'espérance
Que nos projets l'emporteront.
Pour les forcer tous au silence ,
Il ne faut qu'un mot de Piron.

### Henriette.

Mais Piron n'est pas ici, et sans doute il ne se hasardera pas.

### St.-Brice.

Je l'attends sous un quart-d'heure ; il nous a quittés à deux pas de la ville, et doit nous rejoindre à l'esplanade ; il se charge de notre bonheur.

### Henriette.

Il ose revenir à Beaune, après la manière dont il a traité les Beaunois ?

### St.-Brice.

Il est avec ses amis de Dijon ; et, d'ailleurs, si vous le connoissiez bien, vous sauriez que rien ne l'effraie.

Air : *Mon père étoit pot.*

Aux loix du sort Piron soumis,
Trouve partout à rire ;
Il écrase ses ennemis
Par un trait de satire.
Boire, plaisanter,
Aimer et chanter,
Voilà tout son système,
Ce piquant Rimeur
Est de bonne humeur,
Au sein du malheur même.

### Henriette.

Voilà ce qui s'appelle un heureux caractère.

### St.-Brice.

*Même air.*

Pour sa candeur, sa probité,
Partout chacun le vante ;
Son inépuisable gaîté,
De plus en plus enchante.
Se moquer des sots
Et boire à grands flots
Le doux jus de l'automne....
C'est pour bien saisir
Ce double plaisir
Que Piron vient à Beaune.

### HENRIETTE.

Je crains qu'il n'y soit pas trop bien reçu ; cependant il y trouvera des amis. Tout le monde ne le hait pas ici ; j'ai même entendu quelques-unes de nos dames faire son éloge.

### ST. - BRICE.

Je le crois.

AIR : *Si Dorilas n'en parloit guère.*

> Par de mordantes épigrammes,
> Si Piron désarme les sots ,
> Piron galant auprès des dames,
> Tourne de jolis madrigaux.
> Piron fut toujours intraitable
> Quand il trouve des ennemis ;
> Mais il n'est rien de plus aimable
> Que *Piron avec ses amis* *.

### HENRIETTE.

J'aime à me mettre du nombre de ces derniers.... Mais j'entends mon père, il ne faut pas qu'il vous aperçoive.

### ST. - BRICE.

Au revoir, ma chère Henriette ; je vais rejoindre nos amis, et sommer Piron de nous tenir sa parole.

(*Il lui baise la main et sort.*)

---

# SCENE V.

## GAULARD, HENRIETTE.

GAULARD, *en toilette avec sa robe noire.*

Ça, ma fille, j'espère que vous ne me contraindrez pas à déployer l'ascendant...

### HENRIETTE.

Ah ! mon Dieu ! pourvu que je n'épouse pas Troufaguet...

### GAULARD.

On vous les choisira.

---

* Allusion à la jolie pièce intitulée : *Piron avec ses amis.*

Air : *Trouverez-vous un parlement.*

> Indiscrète dans vos amours,
> Lorsque pour vous je me tourmente,
> Devez-vous refuser toujours
> Les maris que je vous présente ?
> A les choisir, assurément,
> Je mets une prudence extrême.

### HENRIETTE.

> Ah ! lorsqu'on desire un amant,
> On aime à le choisir soi-même.

*( On entend du bruit. )*

On vient ; c'est peut-être encore le Troufaguet. Rentrons jusqu'à l'arrivée de M. Piron.

*( Elle rentre. )*

---

# SCENE VI.

GAULARD, TROUFAGUET, PIRON *entre quatre Beaunois armés de rouillardes , habillés de vert.*

TROUFAGUET, *entrant le premier.*

Nous le tenons, nous le tenons.

### GAULARD.

Azor ? a-t-il mangé la poularde ?

TROUFAGUET, *montrant Piron qui entre.*

Azor ? ah ben, oui ! c'est le mauvais plaisant de Dijon qui vient prêter des ridicules aux Beaunois.

### PIRON.

Je viendrois plutôt leur en emprunter.

### TROUFAGUET.

Voyez-vous ?

### GAULARD.

Parlez donc : qu'a-t-il fait ?

### TROUFAGUT.

Il en a fait de belles.

### GAULARD.

En finirez-vous ?

TROUGAGUET, *tirant un papier de sa poche.*
Voici qui va faire foi de son délit. Ce procès-verbal....

GAULARD.

Dépêchons.

TROUFAGUET, *lisant.*

AIR : *Toujours debout,* etc.

Avec un bâton long d'une aune,
Il a sur le chemin de Beaune,
Taillé, brisé tous les chardons,
En criant : Gare à la cuisine :
Je prends les Beaunois par famine ;
Et lorsque nous lui demandons
D'où vient qu'il frappe trois dindons
Qu'il trouve près d'une charmille,
Et dont il détruit la famille,
Pour réponse nous l'entendons
Lancer sur nous force lardons :
Il dit qu'à tort on le condamne,
Et qu'un dindon n'est point un âne,
Il dit que du haut du chemin,
Beaune paroît un grand moulin ;
Qu'un *garde des sots* dans la ville,
Plus qu'un maire seroit utile ;
Ce que, pour l'avoir écouté,
Disons être *la vérité.*

Suivent les signatures.

GAULARD, *à Piron.*

Qu'avez-vous à répondre ?

PIRON.

Vous allez me donner tort, monsieur le Maire, j'en suis
persuadé ; cependant...

AIR : *Ton humeur est, Catherine.*

Aux chardons, ma main profane
A fait sentir sa vigueur :
Vous êtes juste et bon... ah ! ne
Montrez pas trop de rigueur.
J'ignorois, foi d'honnête homme,
Tant j'avois l'esprit troublé,
Qu'à Beaune, ce seroit comme
Si j'avois coupé du blé.

GAULARD.

Pour qui nous prenez-vous ?

TROUFAGUET.

Pour des ânes ; c'est sûr.

G A U L A R D, *à Piron.*

Eh bien ? vous ne dites mot.

P I R O N.

Monsieur répond pour moi.

T R O U F A G U E T.

Voyez-vous l'insolent ? il nous croit bien bêtes !

G A U L A R D.

Il a raison... Vous ne lui donnez pas le tems de parler.

T R O U F A G U E T.

Insulter un pays aussi renommé !

P I R O N.

Il est vrai qu'on vante assez généralement vos talens et vos connoissances... mais c'est *en vin.*

G A U L A R D.

Je crois qu'il veut se moquer de nous  Qu'en dites-vous ?

T R O U F A G U E T.

Il n'y a qu'à l'envoyer plaisanter en prison.

P I R O N.

Si cela vous est égal, j'aime mieux plaisanter ici.

*Air du Vaudeville du Panorama.*

> La gaîté de mon caractère
> Est à l'épreuve des verroux ;
> Mais, je l'avouerai, je préfère
> Rire en m'enivrant avec vous.
> Ici, le vin est délectable ;
> Mes amis, pour cette raison,
> Je passerois une heure à table
> Plus gaîment qu'un mois en prison.

T R O U F A O U E T.

Monsieur trouve que nous faisons de bon vin ? c'est heureux.

P I R O N.

Oui, vous faites bien *le vin.*

*Air du pas redoublé.*

> C'est le meilleur de tous les vins :
> J'en veux boire à plein verre.
> A la santé des échevins,
> A la santé du maire.

( *Troufaguet et Gaulard se rengorgent.* )

> Pour savourer un jus si bon,
> Et que tout buveur prône ;
> Que mon cou n'est-il aussi long
> Qu'on a l'oreille à Beaune !

GAULARD.

Oh! par exemple, c'est un peu trop fort, et je ne souffrirai
pas...

TROUFAGUET.

Non, certainement, nous ne souffrirons pas que...

---

## SCENE VII.

LES PRÉCÉDENS, ST.-BRICE.

ST. BRICE.

J'arrive encore à tems; mais à quoi diable songeois-tu d'entrer seul dans la ville? ne savois-tu pas qu'on est vindicatif
dans ce pays?

TROUFAGUET, à part.

C'est notre amoureux de Dijon. Si je pouvois l'envoyer tenir
compagnie à mons Piron!

PIRON.

Que veux-tu, mon ami? j'ai eu tort, je me suis conduit en
franc Beaunois.

TROUFAGUET.

Vous êtes un sot.

PIRON.

C'est ce que je voulois dire.

TROUFAGUET, à Gaulard.

Eh bien! voyez-vous? c'est la jalousie qui le fait parler. Il
est furieux de ce que les chevaliers de Beaune, qui n'ont pas
pu remporter le prix de l'arquebuse, l'année dernière, le rem-
porteront peut-être cette année; mais...

AIR : *Fidèle époux, franc militaire.*

J'aurai le prix de l'arquebuse,
En dépit de tous mes rivaux;
Et vous verrez si je m'amuse
A tirer ma poudre aux moineaux.
Que de lauriers sur l'esplanade
Vont parer mes fiers compagnons.

PIRON.

Vous aurez cela, camarade,
De commun avec les jambons.

TROUFAGUET.

On n'y tient pas.

ST.-BRICE.

Allons, viens avec moi; les Dijonnois, à la tête desquels je
suis arrivé, t'attendent sur la grande place.

TROUFAGUET.

#### TROUFAGUET.

Ah ben oui, sur la grande place! C'est en prison qu'il va marcher, et il n'y a pas de grande place là, je vous assure.

#### PIRON.

Oh! mon ami! tu ne connois pas mon crime.

#### ST.-BRICE.

N'importe, je ne souffrirai pas..

#### GAULARD.

On l'a saisi, tout-à-l'heure, arrachant une des plantes...

#### PIRON.

Une des plantes les plus utiles au pays.

#### TROUFAGUET.

Oui, monsieur, il vient de couper nos chardons de dessein prémédité.

#### PIRON.

Monsieur ne me pardonnera jamais de lui avoir coupé les vivres.

#### ST.-BRICE.

Parbleu, ils repousseront. Au surplus, je te prends sous ma sauve-garde, et je mettrois Beaune à feu et à sang, plutôt...

#### GAULARD.

Oui? Eh bien moi, je ferai raser Dijon.

#### PIRON.

Prenez-y garde; les Dijonnois vous feroient la barbe.

#### TROUFAGUET.

C'est fort.

#### ST.-BRICE.

Allons, retirez-vous avec votre escorte, ou bien...

#### GAULARD.

Pour éviter un malheur, retirez-vous.

#### TROUFAGUET.

Sors; et, pour faire passer ma mauvaise humeur, je vais faire répéter aux comédiens le ballet que j'ai promis pour ce soir.

#### PIRON, *le retenant, en riant.*

Un balai?

#### TROUFAGUET.

*Air des Fraises.*

Vous le prenez sur un ton;
Mais j'aurai ma revanche,
Et mon ballet sera bon.

C

PIRON.

Prenez bien garde.

TROUFAGUÊT.

A quoi donc?

PIRON.

Au manche. (*ter.*)

(*Troufaguet sort avec son escorte en marmotant.*)

## SCENE VIII.

### PIRON, St.-BRICE, GAULARD.

St.-BRICE.

AH ça, M. le maire, vous savez à quel danger s'exposeroient vos compatriotes, s'ils faisoient le moindre mouvement pour nuire à mon ami?

GAULARD.

Votre ami s'est fort mal conduit.

St.-BRICE.

Je prétends bien toujours qu'il ne lui soit fait aucun mal.

PIRON.

Je le prétends bien aussi, moi.

GAULARD.

A condition qu'il sera plus sage.

PIRON.

*Air de Calpigi.*

A vos bontés je suis sensible;
Aussi, je ferai l'impossible,
Pour vous prouver dès à présent,
Combien je suis reconnoissant;
Et, dût-on, par toute la terre,
Dire ouvertement le contraire;
Je dirai, si cela vous rit,
Que les Beaunois ont de l'esprit.

GAULARD.

On ne vous demande que la vérité; mais vous devenez raisonnable, et j'oublie tout. (*Après un moment de silence.*) Savez-vous bien, monsieur Piron, que j'ai beaucoup connu monsieur votre père?

PIRON.

Bah!... Et le vôtre, monsieur Gaulard?

GAULARD.

Toujours plaisant. Passons celle-là. C'étoit un bien brave

homme que monsieur votre père. Je me souviens qu'il avoit de grands bras, longs (1).

P I R O N, *faisant un geste expressif.*

Ah! monsieur le maire! que vos mains n'étoient-elles au bout!

GAULARD.

Et puis, c'étoit la perle des honnêtes gens.

A I R : *Cet arbre apporté de Provence.*

Tel vous voyez mon caractère,
Et tel son caractère fut :
Chacun de nous, dans sa carrière,
Visa toujours au même but.
Votre père', pour toute gloire,
Vouloit le bien de son pays.

P I R O N.

Il le vouloit, j'aime à le croire ;
Pourtant, il ne l'a jamais pris.

GAULARD.

J'ai eu mon père aussi, moi, autrefois, qui a donné du relief à la ville de Beaune. C'étoit lui qui portoit à Versailles, dans les grandes cérémonies, la queue du cardinal Dubois.

P I R O N.

A vous voir si riche, qui croiroit que votre père a tiré le diable par la queue ?

GAULARD.

C'est aussi lui, mon père, qui a fait construire, dans notre église, la chapelle St.-Gilles.

P I R O N.

Le patron de votre famille ?

GAULARD.

Et, par son testament, il défendit d'y enterrer ames vivantes que la sienne et celle de ses enfans. La mienne y sera, si Dieu me prête vie.

P I R O N.

Précaution louable !

GAULARD.

C'est sa place que j'occupe, à mon père ; mais je ne suis pas aussi instruit que lui, à beaucoup près. Entre nous, pour la remplir dignement, il faut de l'esprit et des connoissances.

P I R O N, *d'un air ironiquement poli.*

Ah ! M. le maire, vous êtes bien la preuve du contraire.

_________

(1) Le père de Piron étoit apothicaire à Dijon.

GAULARD.

Vous êtes trop bon. Parbleu ! je veux vous citer un trait qui m'a fait quelque honneur. ( *Montrant son front.* ) C'est parti de là.

AIR : *Il pleut, il pleut Bergère.*

Les habitans de Beaune
Ont fait bâtir un pont
Que, du Rhône à la Saône,
On vante avec raison ;
Et, comme à le construire,
Nos gens ont réussi,

Ne voulant pas qu'on nous en disputât la gloire,

Dessus j'ai fait écrire :
Ce pont fut fait ici.

PIRON.

C'est un effort de génie. On auroit pu dire que vous l'aviez fait venir de Paris.

GAULARD.

Parbleu ! je suis enchanté d'avoir fait connoissance avec vous, M. Piron ! Je vous offre ma table et ma maison pour vous et votre ami.

PIRON.

Vous avez de bon vin ?

GAULARD.

Du meilleur cru.

PIRON.

J'accepte pour mon ami et pour moi.

---

# SCENE IX.

### LES MÊMES, TROUFAGUET.

TROUFAGUET.

Ma foi, monsieur le maire, si vous n'y mettez ordre, la famine aura lieu dans la journée.

GAULARD.

Voyons. Expliquez-vous.

TROUFAGUET.

A cause de la dernière émeute, les marchands de campagne ont emmené tous les canards et les dindons du marché.

GAULARD, *d'un air d'autorité.*

Il n'y a plus de dindons au marché ! Nous allons nous y transporter tous deux, et tu verras qu'il y en aura bientôt plus d'un. Mais pourquoi n'avez-vous pas harangué ces marauds-là.

**PIRON.**

Les dindons?

**GAULARD.**

Eh non, les marchands.

**PIRON.**

Monsieur a beaucoup mieux fait.

**TROUFAGUET.**

Mais, je me suis tu.

**PIRON.**

C'est ce que vous pouviez dire de mieux.

**TROUFAGUET.**

On ne vous demande pas votre avis. Et puis, le fermier qui plaida devant vous l'autre jour, veut qu'on termine aujourd'hui son affaire.

**GAULARD.**

Qu'on le pende.

**TROUFAGUET.**

Il s'agit d'un pré.

**GAULARD.**

Eh bien, qu'on le fauche. Ah! M. Piron, quel tracas dans ma chienne de place! je ne dors ni jour ni nuit.

**PIRON.**

Quand dormez-vous donc?... Ah! vous avez l'audience.

( *On entend du bruit.* )

**GAULARD.**

Eh bien, d'où vient ce bruit-là?

---

# SCENE X.

**LES PRÉCÉDENS, ASINET, *boîtant.***

**GAULARD.**

Eh bien, qu'as-tu?

**ASINET.**

**AIR : *C'est le biau Thomas.***

Pour placer vos fleurs,
J'avois mis un' planche à la f'nètre ;
Craignant les malheurs,
Je m'suis dit : ça tomb'ra peut-être.
De la planche, alors,
M'appuyant sur les bords,
J'ai sauté, du premier étage,
Tout justement sur le visage.

Eh ben ! voyez pourtant, si je ne m'étois pas assis sur la
planche, pour l'essayer,

Vot' pot s'roit en deux ;

Au lieu de ça, c'est moi qui suis tombé.

N'est-ce pas bien heureux ?

G A U L A R D.

Oui, c'est fort heureux.

P I R O N.

Pour le pot.

T R O U F A G U E T.

L'imbécille !

P I R O N, *le regardant malignement.*

Imbécille ? Non pas précisément, mais il est entre deux.

G A U L A R D.

Si tu peux marcher, va chez le supérieur de l'Oratoire ; tu
l'inviteras à diner, de ma part, et tu le prieras d'apporter
quelque volaille de sa basse-cour. Prends garde de faire quelques sottises, et fais bien attention à ce qu'il te dira. *( A Piron.)*
C'est un prêtre italien qui ne parle pas bien le français, et...

A S I N E T.

Laissez donc, il ne sait pas le français... J'ai, l'autre jour,
servi sa messe, et il m'a dit bien clairement : *Dominus vo-
biscum.*

P I R O N.

Il est clair, d'après cela qu'il sait le français.

G A U L A R D.

Oui ! oui ! il en sait quelques mots... Va vite, Asinet, va
le trouver. (*Asinet sort.*)

<hr>

# S C E N E  X I I.

PIRON , St.-BRICE , GAULARD , TROUFAGUET.

P I R O N.

Vous le connoissez le supérieur de l'Oratoire ? c'est un
homme charmant. A mon dernier voyage , je dinai chez lui.

A I R : *Une fille est un oiseau.*

Son bon goût s'est signalé ;
D'une épigramme excellente,
Assaisonnée et piquante,
Ce prieur m'a regalé.

G A U L A R D.

En fait de goût, je l'égale ;
Puisqu'un tel mets vous régale,

Aux fruitières de la halle
Dussé-je faire un appel,
Vous aurez de l'épigramme.

P I R O N.

Gardez-vous bien, sur mon ame,
De me la donner sans sel.

G A U L A R D.

Oh! nous y mettrons du sel.

P I R O N.

Il faut y mettre du sel.

G A U L A R D.

Oui, nous y mettrons du sel.

*Air du boudoir d'Aspasie.*

Le sel n'est pas d'une dépense,
Telle que j'aime à l'épargner :
Je vais donner, en conséquence,
Des ordres à mon cuisinier.

P I R O N.

Oh ! Point de cérémonies.

*Même Air.*

De ma part craignez-vous le blâme?
Vous me traiterez sans éclat ;
En me servant votre épigramme,
Mon cher, vous ne ferez qu'un plat.

T R O U F A G U E T.

Vous verrez qu'on fait d'aussi bonnes épigrammes à Beauue
qu'à Dijon.

P I R O N.

Pas aussi piquantes ; il y a des raisons pour cela.

T R O U F A G U E T.

Des raisons ?

A I R : *Décacheter sur ma porte.*

De les savoir il me tarde ;
De comprendre je n'ai garde.
La plus forte raison,
C'est peut-être à cause qu'à Dijon
L'on fait de bonne moutarde.

P I R O N.

Vous me la feriez monter au nez.

G A U L A R D.

Allons au marché, Troufaguet; nous rejoindrons le cortège.

St. - B R I C E.

Moi, je l'attends ici.

GAULARD.

Comme vous voudrez. (*Il sort avec Troufaguet.*)

## SCÈNE XII.
### PIRON, St.-BRICE.

St.-BRICE.

MAINTENANT, il faut que j'aie un moment d'entretien avec ma chère Henriette.

PIRON.

Ma chère Henriette ! tu tu veux donc decidément te marier?

ST. BRICE.

Il faut faire une fin.

PIRON.

Le plus tard qu'on peut.

St.-BRICE.

Quand on aime...

PIRON.

L'amour est une folie.

St.-BRICE.

Dont le mariage nous guérit.

PIRON.

Je craindrois plus le remède que la maladie.

St.-BRICE.

Et puis, l'on m'a dit que je serois heureux en femme.

PIRON.

Heureux en femme !

AIR : *J'ai vu partout dans mes voyages.*

A sa suite l'hymen entraine
Les soins, les soucis et les pleurs :
On sent toujours peser sa chaine,
Même quand il l'orne de fleurs.
Tiens, je le dis sans épigramme,
A Piron tu dois te fier :
Le moyen d'être heureux en femme,
C'est de ne pas se marier.

St.-BRICE.

Quoi ! Piron, tu fais le procès d'un sexe aimable ?...

PIRON.

Tu ne m'entends pas.

AIR : *Le soin d'égayer mes loisirs.*

Tour-à-tour épris des attraits,
Et de la brune et de la blonde,

Je pense que le ciel , exprès ,
Les fit pour le bonheur du monde.
L'amour qui , près d'elles, nous sert ,
Peut nous faire aimer de chacune.
Songes-tu combien l'on en perd,
Dès le moment qu'on en prend une !

ST.-BRICE.

Tu as une manière d'envisager les choses...

## SCENE XIII.

LES PRÉCÉDENS, HENRIETTE, *s'avançant avec précaution.*

PIRON.

NE craignez rien, belle ingénue ; ne craignez rien , je suis Piron.

ST.-BRICE.

Et moi...

PIRON.

Je sais votre secret ; vous pouvez parler.

HENRIETTE.

Ah ! mon cher St.-Brice ! je crains bien qu'à moins d'un miracle...

PIRON.

Je suis venu l'opérer.

ST.-BRICE.

Si tu veux nous servir, fais donc, aujourd'hui seulement, trève avec les Beaunois.

PIRON.

En suivant ce conseil, tu perdrois ta maitresse ; et moi, la plus belle occasion de me divertir.

ST.-BRICE.

Comment ?

PIRON.

Oui, mon ami ; c'est précisément sur les nouveaux tours que je veux leur jouer, que je fonde la réussite de mon projet.

ST.-BRICE.

Oh ! par exemple.

PIRON.

Fais en sorte seulement qu'ils tirent les premiers au blanc, je me charge du reste.

ST.-BRICE.

Je n'y entends rien.

D

PIRON.

AIR : *Guillot auprès de Guillemette.*

Sans danger il faut qu'on s'amuse,
Et j'espère avoir plus beau jeu,
Quand nos Césars de l'arquebuse
Auront jeté leur premier feu.

St. - BRICE.

Mon rival veut te tenir tête,
Et des Beaunois humiliés,
Si tu parles, chacun s'apprête
A faire feu.

PIRON.

Des quatre pieds.

St. - BRICE.

Mais explique-moi...

PIRON.

Que t'importe ? Fais ce que je te dis, et amène-moi ton
corps de réserve, quand il en sera tems.

St. - BRICE.

Je veux que le diable m'emporte, si je conçois...

(*On entend approcher le cortège ; la musique joue l'air :*
Ran tan plan tire lire. )

PIRON.

J'entends, je crois, le chant mélodieux des rossignols
de Beaune.

---

# SCENE XIV.

## LES PRÉCÉDENS, TROUFAGUET, GAULARD, BEAUNOIS, DIJONNOIS, etc.

(*Ils défilent derrière la grille qui est ouverte, au fond du théâtre.*)

TROUFAGUET, *réglant la marche.*

( *Le tambour bat.* ) AIR : *Ran tan plan tire lire.*

Allons, amis, en avant ;
En plein, plan, ran tan plan tire lire en plan.

GAULARD.

Faites que, dorénavant,
De vous on puisse dire...

TROUFAGUET *en fausset.*

De vous on puisse dire...

PIRON.

Ran tan plan tire lire.

GAULARD.

Quand un Beaunois tire au blanc,
En plein, plan, ram tan plan tire lire en plan...

TROUFAGUET.

Quand un Beaunois tire au blanc...

GAULARD.

*Bis en chœur.* {
Que ce n'est pas pour rire.

( *Le cortège a défilé.* )

---

# SCENE XV.

## PIRON, St.-BRICE, HENRIETTE.

PIRON.

As-tu vu ce Troufaguet, avec un pied de chaque côté du ruisseau? il a l'air du colosse de Rhodes. Eh bien? pourquoi ne les suis-tu pas?

ST.-BRICE.

Tiens, je crains, à parler vrai, que, tu ne fasses...

PIRON, *le conduisant vers la grille.*

Va, ne crains rien. ( *Regardant en dehors.* ) Eh! mais...

AIR : *Où s'en vont ces gais bergers.*

Je vois un âne... à grands pas,
Vers ces lieux il s'avance.
Ami, pourquoi n'a-t il pas
Le ruban d'ordonnance ?
Quand on voit à Troufaguet
Des nœuds de plus d'une aune ;

( *Il ramasse un nœud de ruban.* )

Il ne sera pas dit qu'un baudet
Soit sans faveur à Beaune.

( *Il sort précipitamment par la grille.* )

HENRIETTE.

Quel est son projet ?

ST.-BRICE.

L'étourdi! mais tu n'y songes pas.

PIRON, *en dehors.*

Si fait.

ST.-BRICE.

On te voit.

PIRON, *en dehors.*

Tant mieux ; il me faut des témoins.

HENRIETTE.

*Air du Port-Mahon.*

O ciel que va-t-il faire ?
Que les Beaunois auront de colère !

PIRON, *en dehors.*

Ami, laisse-toi faire,
Et sois un des premiers
          Chevaliers.     (*ter.*)
A nos arquebusiers,
Dispute les lauriers.
Pourquoi cet air timide ?
Va, sur leurs pas que l'honneur te guide ;
Nous te lâchons la bride.
Reçois notre salut ;
          Marche au but.

(*Il rentre.*)

          Marche au but (1). (*ter.*)

ST.-BRICE.

Je cours réparer.....

PIRON.

Garde-t-en bien : laisse-les venir, et donne-moi le tems
de les pousser à bout.

          (*Saint-Brice sort.*)

---

# SCÈNE XVI.

## PIRON, HENRIETTE.

HENRIETTE.

En vérité, M. Piron, je ne sais trop comment ils vont
prendre....

PIRON.

Mais j'espère, mademoiselle, qu'ils le prendront fort mal.

HENRIETTE.

Je tremble qu'ils ne vous fassent un mauvais parti.

PIRON.

Rassurez-vous.

---

(1) On peut avoir un âne, et faire la scène avec lui ; cela rend l'action
plus intéressante.

# SCENE XVII.

### LES MÊMES, ASINET, *riant aux éclats.*

### ASINET.

Ah! mon dieu! mon dieu! Si vous saviez.... il vient de m'arriver la chose du monde la plus plaisante.

### HENRIETTE.

Voyons.

### ASINET, *riant plus fort.*

Imaginez-vous qu'en revenant de chez les oratoriens, j'ai reçu la meilleure volée de coups de bâton ... par rapport à un âne qu'on a rencontré dans la rue avec du ruban sur la queue, et un papier écrit au crayon, sur lequel il y avoit la devise des chevaliers de Beaune.

### PIRON.

Et tu ris de cela?

### ASINET.

Sûrement que j'en ris, parce qu'ils ont cru que c'étoit moi qui avois fait la toilette de l'âne, et, comme ce n'est pas moi du tout, ( *riant et se frottant les épaules* ) je dis qu'ils ont été joliment attrapés.

### PIRON.

Et toi, tu as attrapé les coups de bâton?

### ASINET.

AIR : *Daignez m'épargner le reste.*

Pour me venger, je leur ai dit
Que l'on ne pouvoit dans la ville
Rencontrer un homme d'esprit,
Mais qu'on voyoit des sots par mille.

### PIRON.

Quoi! tu leur as dit tout cela?

### ASINET.

Oh! ma colère étoit extrème.

### PIRON.

Ils devoient t'éreinter....

### ASINET.

Oui dà !

Mais, pour que l'on n'en vînt pas là,
Je ne l'ai dit qu'en moi-même.

C'est égal. Ils disent qu'ils savent à présent d'où vient c'te drôlerie-là, et ils sont allés à l'esplanade chercher du renfort pour assommer l'insolent. (*On entend un grand tumulte. L'orchestre exécute crescendo , l'air : J'ai perdu mon âne.* ) Mais je crois qu'ils arrivent ; je me sauve.

PIRON.

Reste donc pour les attraper encore.

ASINET.

Oh ! que non ; c'est assez d'une fois. Cela va devenir sérieux.

PIRON.

Sérieux ? Bon ! ne serai-je pas toujours là ?

(*Les Beaunois arrivent ; il fait entrer Henriette la première , et quand il tient la porte , il dit :*)
Gare les ruades. (*Il ferme la porte au nez d'Asinet.*)

---

# SCENE XVIII.

ASINET, TROUFAGUET, *à la tête des* BEAUNOIS. *A leur entrée , la musique joue d'une manière bruyante J'ai perdu mon âne.*

LES BEAUNOIS.

*Air de la Camargo.*

Nous le poursuivrons,
Nous l'assiégerons ,
Nous nous vengerons,
Nous l'étranglerons ,
Nous l'écraserons ,
Nous l'abîmerons ;
Et nous verrons après
S'il lance ses traits.

TROUFAGUET.

Du courage ;
L'avantage
Sera pour nous aujourd'hui.
S'il insiste ,
S'il persiste ,
Nous sommes ici
Deux cents contre lui.

CHŒUR.

Nous le poursuivrons , *etc.*

TROUFAGUET , *saisissant Asinet.*

Maraud! tu sais où il est ; dis-le-nous, ou bien....

---

# SCÈNE XIX.

LES PRÉCÉDENS , PIRON , *à la croisée.*

PIRON.

Ah! c'est M. Troufaguet; quelle escorte! il faut qu'il ait
aussi dégarni le marché.

TROUFAGUET.

Insolent ! Nous aurons la raison....

PIRON.

Ce seroit pour la première fois.

TROUFAGUET.

Nous vous apprendrons à faire des plaisanteries...

PIRON.

Est-ce qu'on peut montrer ce qu'on ne sait pas ?

TROUFAGUET.

De ridicules plaisanteries...

PIRON.

A la bonne heure , vous êtes en fond pour cela.

TROUFAGUET.

Avoir l'impudence d'envoyer au but !....

PIRON.

Un de plus dans le nombre !... Voyez le grand mal !

TROUFAGUET.

Je suis d'une fureur !

PIRON.

Auroit-il gagné le prix ?

TROUFAGUET , *menaçant Piron.*

Ne crois pas être au bout , va ; nous allons t'étriller de la
bonne manière.

PIRON.

M'étriller ? Je ne suis pas de la ville.

TROUFAGUET.

Et tu ne retourneras à Dijon qu'en litière.

PIRON.

A Beaune, on dit : sur la litière.

TROUFAGUET.

Sur la litière ! enfonçons la porte.

TOUS.

Oui, oui, enfonçons la porte.

TROUFAGUET.

Paix donc. Vous me déchirez les oreilles, vous autres.

PIRON.

Il t'en restera toujours assez.

TROUFAGUET.

Ne souffrons pas, mes amis, qu'on nous insulte davantage, et mettons-nous en devoir.

PIRON.

Ne crie donc pas si fort, tu te fatigues.

TROUFAGUET.

Je parle beaucoup, et je parle bien.

PIRON.

Je suis de ton avis pour la première moitié.

ASINET.

Il rit, et vous vous fâchez.

TROUFAGUET.

Tu ne vois pas qu'il me fait la mine ?

PIRON.

Si je te faisois la mine, tu changerois bientôt de visage.

# SCENE XX.

LES MÊMES, GAULARD, BEAUNOISES, ST.-BRICE, DIJONNOIS.

GAULARD.

QUEL vacarme donc ? c'est pis qu'à l'audience de mardi, où nous avons jugé vingt causes, sans les entendre.

PIRON.

Ce n'est pas faute d'oreilles.

ST.-BRICE, *aux Beaunois.*

A qui donc en voulez-vous ?

TROUFAGUET, *montrant Piron.*

C'est à lui.

ST.-BRICE.

Je vous défends.

PIRON.

*Air de M. de Catinat.*

De grace, mon ami, pourquoi cette frayeur?
Laisse donc ces messieurs exhaler leur fureur.
Je me ris, tu le vois, de tout ce vain courroux;
Et, quand ils seroient cent, je les *bâterois* tous.

TROUFAGUET.

Oh! par exemple, on n'y tient plus. En joue, feu.

UN BEAUNOIS.

Il n'y a plus rien dans nos carabines

TROUFAGUET.

Ah! mon Dieu! c'est vrai. Sauve qui peut. *( Il veut fuir. )*

PIRON.

Arrêtez-le, je descends, nous nous expliquerons.

*(St.-Brice arrête Troufaguet; Piron quitte la fenêtre, et les Dijonnois couchent en joue les Beaunois et Troufaguet qui ne bougent plus.)*

GAULARD.

Voyons ce qu'il va dire.

PIRON, *arrivant.*

Je viens l'olivier à la main.

GAULARD.

Il vient, l'olivier à la main.

TROUFAGUET.

Je ne le vois pas.

PIRON.

C'est une figure.

TROUFAGUET.

Je n'aime pas les figures...

PIRON.

Quand elles ressemblent à la vôtre.

TROUFAGUET.

Il recommence toujours.

PIRON.

C'est que vous ne finissez pas. — Beaunois, dressez les oreilles, et écoutez-moi. J'ai dit que les Beaunois étoient...

TROUFAGUET.

Des ânes.

PIRON.

C'est vrai; mais il n'y a que la vérité qui offense.

E

**TROUFAGUET.**

Eh bien ! voilà justement..

**PIRON.**

Paix donc. Vous vous êtes arimés contre moi ; mes compatriotes ont pris ma défense ; ils vous ont réduits à capituler. Cependant, je veux aujourd'hui procurer à deux cités, faites pour s'estimer, une paix éternelle et glorieuse.

**TOUS.**

AIR : *Chantons, chantons.*

La paix ! la paix !
Nos cœurs l'acceptent d'avance.
La paix, la paix
Est l'objet de nos souhaits.

**PIRON.**

Sans attendre à demain,
Qu'on se donne la main,
Et que, sans défiance,
On s'embrasse soudain.
Vous avez de bon vin,
Buvons à verre plein ;
C'est, pour une alliance,
Le meilleur chemin.

**CHŒUR.**

Sans attendre à demain, etc.

**PIRON.**

Je vais vous proposer des conditions.

**TROUFAGUET.**

Ah ben, oui ! ce seroit beau.

**PIRON,** *avec une emphase ironique.*

Taisez-vous. Apprenez que c'est au vainqueur d'ordonner, aux vaincus, de souscrire

**GAULARD.**

Voyons vos propositions.

**PIRON.**

Les voici : St.-Brice, mon ami, est fils du maire de Dijon.

**TROUFAGUET.**

Après ?

**PIRON,** *amenant Henriette.*

L'aimable fille de M. Nicolas Gaulard, maire de Beaune, est l'objet de ses vœux. Si leur mariage convient à tout le monde....

**T o u s.**

Oui, oui.

**T r o u f a g u e t.**

Permettez donc. J'ai la parole.

**G a u l a r d.**

C'est vrai ; mais, comme j'aime mieux une nôce qu'une bataille, va chercher une femme ailleurs.

**P i r o n.**

Bien. ( *A Henriette et Saint-Brice.* ) Une autre fois, vous fierez-vous à moi ?

**S t. - B r i c e.**

Oh ! toute la vie.

**T r o u f a g u e t.**

Moi, je ne m'y fierai plus.

**P i r o n.**

Allons, M. Troufaguet... La bride sur le cou. Je vais vous chanter une ronde.

**G o u l a r d.**

Ah ! ah ! la bride sur le cou !... Vous serez donc toujours malin ?

**S t. - B r i c e.**

Il sera toujours Piron.

**T r o u f a g u e t.**

Comme je me suis enferré !

**G a u l a r d.**

Hé bien, va te faire déferrer.

**T r o u f a g u e t.**

Taisez-vous.

**A s i n e t.**

Vous vous plaigniez de ce qu'il n'y avoit pas de dindon, ce matin.

**P i r o n,** *riant.*

Pas si bête... Ah ! ça, buvons, rions, chantons, dansons ; cela vaut mieux que de se battre.

**A i r :** *Quand Biron voulut danser.*

*Bis en chœur.*

> Plus de guerre, chers Beaunois,
> Mêlez vos chants à ma voix ;
> Oublions nos longues alarmes ;
> Pour la lyre quittons les armes,
> Et dansez tous en rond
> A la voix de Piron.

**T o u s.**

Et dansons, etc.

Vos oreilles , à propos ,
M'ont fourni mille bons mots;
Mais je n'emploierai plus mes veilles ,
Amis , qu'à charmer vos oreilles ,
Et les beaunois vivront
Dans les vers de Piron.

### T o u s.

Et les beaunois , etc.

S'il est des ânes ici ,
Ailleurs on en trouve aussi.
Sots rimeurs , sots faiseurs de pièces ,
Anes de toutes les espèces ,
*Bis en chœur.* { En tous lieux trembleront ,
A la voix de Piron.

### A u   P U B L I C.

Avec succès, on m'a mis
En scène *avec mes amis*,
J'ai fait tant de tours en ma vie ,
Que vingt enfans de la folie ,
Sans imiter , pourront
Traiter encor Piron.

### T o u s.

Sans imiter , etc.


## F I N.